Flamenco

Julie Murray

Abdo Kids Junior es una
subdivisión de Abdo Kids
abdobooks.com

Abdo
ANIMALES INTERESANTES
Kids

abdobooks.com

Published by Abdo Kids, a division of ABDO, P.O. Box 398166, Minneapolis, Minnesota 55439.
Copyright © 2024 by Abdo Consulting Group, Inc. International copyrights reserved in all countries.
No part of this book may be reproduced in any form without written permission from the publisher.
Abdo Kids Junior™ is a trademark and logo of Abdo Kids.

Printed in the United States of America, North Mankato, Minnesota.

052023

092023

Spanish Translator: Maria Puchol

Photo Credits: Getty Images, Shutterstock

Production Contributors: Teddy Borth, Jennie Forsberg, Grace Hansen

Design Contributors: Candice Keimig, Pakou Moua

Library of Congress Control Number: 2022950871

Publisher's Cataloging-in-Publication Data

Names: Murray, Julie, author.

Title: Flamenco/ by Julie Murray

Other title: Flamingos. Spanish

Description: Minneapolis, Minnesota: Abdo Kids, 2024. | Series: Animales interesantes | Includes online
    resources and index

Identifiers: ISBN 9781098267469 (lib.bdg.) | ISBN 9781098268022 (ebook)

Subjects: LCSH: Flamingos--Juvenile literature. | Birds--Juvenile literature. | Birds--Behavior--Juvenile
    literature. | Animals--Juvenile literature. | Zoology--Juvenile literature. | Coastal animals--Juvenile
    literature. | Spanish Language Materials--Juvenile literature.

Classification: DDC 598.33--dc23

Contenido

El flamenco

Los flamencos son aves grandes. Viven en todo el mundo.

Les gustan los lagos **poco profundos** y los pantanos.

Tienen las patas y el cuello largos. Algunos pueden medir más de 4 pies de alto (1.2 m).

Sus alas son grandes con una **envergadura** de 5 pies (1.5 m).

Tienen el pico alargado

para ayudarles a comer.

Comen semillas, **algas** y también **artemia salina**.

El color rosa de sus plumas, proviene de lo que comen.

Los flamencos pueden
descansar y dormir
sobre una sola pata.

Viven en grupos grandes
que se llaman colonias.

Características

alas grandes

patas y cuello largos

pico curvo y alargado

plumas color rosa

Glosario

alga
ser vivo que principalmente vive bajo el agua y produce su alimento igual que las plantas.

artemia salina
tipo de crustáceo pequeño que vive en aguas muy saladas.

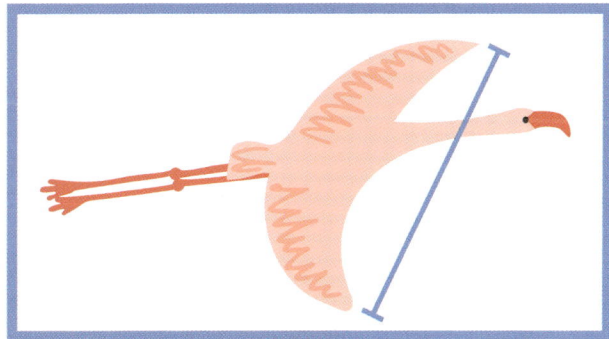

envergadura
distancia de punta a punta de las alas de un ave.

poco profundo
que no está hondo.

Índice

Abdo Kids ONLINE
FREE! ONLINE MULTIMEDIA RESOURCES

¡Visita nuestra página **abdokids.com** y usa este código para tener acceso a juegos, manualidades, videos y mucho más!

Los recursos de internet están en inglés.

Usa este código Abdo Kids

IFK4147

¡o escanea este código QR!